Lass uns mit dem Feuer spielen

Die hundert schönsten Liebesgedichte

aufbau

Lass uns mit dem Feuer spielen

Die hundert
schönsten Liebesgedichte

Herausgegeben von
Tobias Lehmkuhl

aufbau

ISBN 978-3-351-03530-3

Aufbau ist eine Marke der Aufbau Verlag GmbH & Co. KG

1. Auflage 2013

Einbandgestaltung Ute Henkel unter Verwendung
einer Illustration von Tom Henkel
Typographische Reihengestaltung Peter Birmele
Satz LVD GmbH, Berlin
Druck und Binden CPI – Clausen & Bosse, Leck
Printed in Germany

www.aufbau-verlag.de

Inhalt

und manchmal, nachts

o Gott, nun geht's nicht mehr

ICH HABE GESEUFZT, ICH HABE GEFLUCHT

BEVOR DIESER SEPTEMBER UMKIPPT

ABER DEINE HÄRCHEN

Deine Bubenhände, die zwei

Anhang

UND MANCHMAL, NACHTS

UND MANCHMAL, NACHTS

und manchmal, nachts, da geht der atem leise
der körper wach, die augen eingerollt
das schauen mischt sich in die kreise
die noch der schlaf im innern zieht
und schleicht sich doch nach draußen, leise
zu einem stuhl, dem wäscheständer,
staub. und hält den atem und das licht
der fensternischen, und schleicht sich weiter
leise, nach draußen, in die nacht hinaus.
die nacht ist da, das lauschen, flocken fallen
nicht. über antennen, dachgeländer hin
ist alles ungewiß. ein ziehen immer nur
im hintergrund. und keiner spricht. doch
in das schauen geht ein atmen, leise,
das nicht das eigene ist. und mischt sich,
nimmt die luft, den oberkörper weiter
mit in das schlafen hinein. über die schultern,
warm, über die augenlider hin. nur manchmal
rollt der eine atem sich hinüber, wenn
etwas aufhorcht, dunkel sich bewegt.

Nico Bleutge

Friedrike

Sonettenkranz an Friedrike Robert

I

Verlaß Berlin, mit seinem dicken Sande
Und dünnen Tee und überwitzgen Leuten,
Die Gott und Welt, und was sie selbst bedeuten,
Begriffen längst mit Hegelschem Verstande.

Komm mit nach Indien, nach dem Sonnenlande,
Wo Ambrablüten ihren Duft verbreiten,
Die Pilgerscharen nach dem Ganges schreiten,
Andächtig und im weißen Festgewande.

Dort, wo die Palmen wehn, die Wellen blinken,
Am heilgen Ufer Lotosblumen ragen
Empor zu Indras Burg, der ewig blauen;

Dort will ich gläubig vor dir niedersinken,
Und deine Füße drücken, und dir sagen:
Madame! Sie sind die schönste aller Frauen!

II

Der Ganges rauscht, mit klugen Augen schauen
Die Antilopen aus dem Laub, sie springen
Herbei mutwillig, ihre bunten Schwingen
Entfaltend wandeln stolzgespreizte Pfauen.

Tief aus dem Herzen der bestrahlten Auen
Blumengeschlechter, viel neue, dringen,
Sehnsuchtberauscht ertönt Kokilas Singen –
Ja, du bist schön, du schönste aller Frauen!

Gott Kama lauscht aus allen deinen Zügen,
Er wohnt in deines Busens weißen Zelten,
Und haucht aus dir die lieblichsten Gesänge;

Ich sah Wassant auf deinen Lippen liegen,
In deinem Aug entdeck ich neue Welten,
Und in der eignen Welt wirds mir zu enge.

III

Der Ganges rauscht, der große Ganges schwillt,
Der Himalaja strahlt im Abendscheine,
Und aus der Nacht der Bananenhaine
Die Elefantenherde stürzt und brüllt –

Ein Bild! Ein Bild! Mein Pferd für 'n gutes Bild!
Womit ich dich vergleiche, Schöne, Feine,
Dich Unvergleichliche, dich Gute, Reine,
Die mir das Herz mit heitrer Lust erfüllt!

Vergebens siehst du mich nach Bildern schweifen,
Und siehst mich mit Gefühl und Reimen ringen, –
Und, ach! du lächelst gar ob meiner Qual!

Doch lächle nur! Denn wenn du lächelst, greifen
Gandarven nach der Zither, und sie singen
Dort oben in dem goldnen Sonnensaal.

Heinrich Heine

Sehnsucht nach Liebe

Alles liebet, alles scherzet
In der fröhlichen Natur;
Alles küsset, alles herzet
Auf den Höhn in Wald und Flur!

Läßt der holde Lenz sich nieder,
Sanft umschwärmt vom lauen West,
Senkt der Vogel sein Gefieder,
Bauet liebend sich ein Nest.

Und der Löwe flieht das Morden,
Das sonst höchste Lust ihm schafft;
Er verläßt der Brüder Horden,
Huldigt Amors Zauberkraft.

Und dir soll ich mich entziehen,
Die uns menschlich fühlen lehrt?
Liebe! ach, dich soll ich fliehen,
Die der Tiger selbst verehrt?

Ich allein nur soll dich meiden,
Holde Spenderin der Lust?
Ich soll wilde Tiere neiden
Um das Fühlen ihrer Brust?

Nein! dem schönsten aller Triebe
Sei mein fühlend Herz geweiht!
Schenke mir Themirens Liebe,
Amor, Gott der Zärtlichkeit!

Franz Grillparzer

Trieb

Es treiben mich brennende Lebensgewalten,
Gefühle, die ich nicht zügeln kann,
Und Gedanken, die sich zur Form gestalten,
Fallen mich wie Wölfe an!

Ich irre durch duftende Sonnentage …
Und die Nacht erschüttert von meinem Schrei.
Meine Lust stöhnt wie eine Marterklage
Und reißt sich von ihrer Fessel frei.

Und schwebt auf zitternden, schimmernden Schwingen
Dem sonn'gen Thal in den jungen Schoß,
Und läßt sich von jedem Mai'nhauch bezwingen
Und giebt der Natur sich willenlos.

Else Lasker-Schüler

Lied ohne Worte

Mich erfüllt Liebestoben zu dir!
ich bin deinst,
als ob einst
wir vereinigst.

Sei du meinst!
Komm Liebchenstche zu mir –
ich vergehste sonst
sehnsuchtstgepeinigst.

Achst, achst, schwachst schwachst arms Wortleinstche,
was? – –
Genug denn, auch du, auch du liebsest.
Fühls, fühls ganzst ohne Worte: sei Meinstlein!
Ich sehne dich sprachlosestest.

Christian Morgenstern

In einem Garten blühen Lilien.
Sie blühen munter, und sie schilien
Zum Nachbargarten, ob die rote Nelke,
Die ihnen wohlgefällt, auch nicht verwelke.
Die rote Nelke nelkte mild zurück.
Der Lilien Schielien war ihr ganzes Glück.
So schiele ich, mein liebes Weib, Dir zu,
Dein mildes Nelken gibt mir Mut und Ruh.
Oh, nelke weiter, bis der Tag gekommen,
Daß ich Dich endlich in den Arm genommen. –

Kurt Schwitters

O Marietta – Kripistika!
Thronkanapee im Serail von Sevilla!
Du bist wertvoller als die juchzende
Säubande von Hosenträgern,
Deren Rüssel
An deinem Bauch
Zu schnuppern
Gewohnt sein pflegt.

Hugo Ball

Antonia,
du kannibalin,
ist dir
mein hals nicht genug?
sie beißt mir
die augenbrauen
wie die schuppen eines fisches
weg!
ist sie ein seeadler geworden
der dem ozean
ins fleisch stoßt
meiner seel,
klagt anselmo,
wenn das so weiter geht,
dann bleiben mir
grad noch die augensterne
und die haut
an den fingerspitzen . .
aber sei's drum:
antonien sehen
und fühlen
ist mir ein himmel
aus rutschiger seide und
den bezauberndsten farben,
die sich ein mensch
überhaupt vorstellen
kann . .

H. C. Artmann

Hortense

I

Wir standen an der Straßeneck
Wohl über eine Stunde;
Wir sprachen voller Zärtlichkeit
Von unsrem Seelenbunde.

Wir sagten uns viel hundertmal,
Daß wir einander lieben;
Wir standen an der Straßeneck,
Und sind da stehn geblieben.

Die Göttin der Gelegenheit,
Wie ’n Zöfchen, flink und heiter,
Kam sie vorbei und sah uns stehn,
Und lachend ging sie weiter.

II

Das Fräulein stand am Meere
Und seufzte lang und bang,
Es rührte sie so sehre
Der Sonnenuntergang.

Mein Fräulein! sein Sie munter,
Das ist ein altes Stück;
Hier vorne geht sie unter
Und kehrt von hinten zurück.

III

Es ziehen die brausenden Wellen
wohl nach dem Strand;
Sie schwellen und zerschellen
Wohl auf dem Sand.

Sie kommen groß und kräftig,
Ohn Unterlaß;
Sie werden endlich heftig –
Was hilft uns das?

IV

Nicht lange täuschte mich das Glück,
Das du mir zugelogen,
Dein Bild ist wie ein falscher Traum
Mir durch das Herz gezogen.

Der Morgen kam, die Sonne schien,
Der Nebel ist zerronnen;
Geendigt hatten wir schon längst,
Eh wir noch kaum begonnen.

Heinrich Heine

An die Berlinerin

Mädchen, kein Casanova
hätte dir je imponiert.
Glaubst du vielleicht, was ein doofer
Schwärmer von dir phantasiert?
Sänge mit wogenden Nüstern
Romeo, liebesbesiegt,
würdest du leise flüstern:
»Woll mit die Pauke jepiekt –?«
Willst du romantische Feste,
gehst du beis Kino hin …
Du bist doch Mutterns Beste,
du, die Berlinerin –!
Venus der Spree – wie so fleißig
liebst du, wie pünktlich dabei!
Zieren bis zwölf Uhr dreißig,
Küssen bis nachts um zwei.
Alles erledigst du fachlich,
bleibst noch im Liebesschwur
ordentlich, sauber und sachlich:
Lebende Registratur!
Wie dich sein Arm auch preßte:
gibst dich nur her und nicht hin.
Bist ja doch Mutterns Beste,
du, die Berlinerin –!
Wochentags führst du ja gerne
Nadel und Lineal.
Sonntags leuchten die Sterne
preußisch-sentimental.
Denkst du der Maulwurfstola,
die dir dein Freund spendiert?
Leuchtendes Vorbild der Pola!
Wackle wie sie geziert.

Älter wirst du. Die Reste
gehn mit den Jahren dahin.
Laß die mondäne Geste!
Bist ja doch Mutterns Beste,
du süße Berlinerin –!

Kurt Tucholsky

Nach einer schläfrigen Vorlesung von »Romeo und Julia«

»Guten Morgen, Romeo;
Wie geschlafen?«
»Ach – so so.
Und du, süße Julia?«
»Ebenfalls so so la la!«

Eduard Mörike

Die Liebste nahm mit Lächeln
Den Fächer in die Hand,
Sie wollte Kühlung fächeln
Auf meiner Wange Brand.

Wie sie mich angelächelt,
Wie sie mich angelacht!
Da ward, so angefächelt,
Der Brand erst angefacht.

Friedrich Rückert

o Gott, nun geht's nicht mehr

Zur Verlobung

Das Herz so voll, der Kopf so leer,
Ich finde nichts als Worte;
Sie tanzen auf, sie taumeln her,
Und stets am falschen Orte.

Das find't sich nicht, das reimt sich nicht;
Nur wirre Klagetöne.
Das gibt mir ewig kein Gedicht
An dich, du schlanke Schöne.

Du siehst, ich red auch nur von mir,
Statt deiner zu gedenken,
Wünsch weder Glück noch Segen dir,
Ich wollte dich beinah kränken.

Ich wollt ... o Gott, nun geht's nicht mehr,
Mein Aug quillt mächtig über:
Ich wollt, daß ich ein andrer wär
Und dir ein wenig lieber.

Frank Wedekind

Dorten aus der grünen Hecke,
An des Gartenzaunes Ecke
Schaut mein Schatz heraus:
Haare braun nicht kraus;

Klein Gesichtchen, rund;
Kirschenrother Mund;
Augen braun, nicht blau;
Wird bald meine Frau!

Friederike Kempner

Der Hochzeitstanz

Wie so zierlich in dem Saale
Führt die Braut den Hochzeitsreih'n,
Wie so mutig schaut Graf Martin
In die freud'gen Klänge drein!

Und sie im Vorüberschweifen
Flüstert: »Graf, was sinnet Ihr?
Sag't mir, schaut Ihr nach dem Tanze,
Oder blicket Ihr nach mir?«

»Hab' schon manchen Tanz gesehen,
Und das war's nicht, was ich sann,
Eure Schönheit mich verblendet,
Eure Augen tun mir's an.«

»Wenn so schöne meine Augen,
Führt mich hier vom Tanze heim,
Alt und grau schon ist mein Bräut'gam
Und er holt uns nimmer ein.«

Joseph von Eichendorff

Hast du gestern abend dich,
Liebster, nicht nach mir gesehnt,
wie ich gestern abend mich,
Liebster, mich nach dir gesehnt?

Liebste! nein, ich habe mich
nicht gesehnt beim Abendschein,
Liebste! denn man sehnet sich
nach Abwesenden allein.

Und abwesend warst du nicht,
sondern nah in Liebesmacht;
weißt du's nicht! mein süßes Licht,
bei mir warst du all die Nacht.

Friedrich Rückert

Kleines Ding, um uns zu quälen,
Hier in diese Brust gelegt!
Ach wers vorsäh, was er trägt,
Würde wünschen, thätst ihm fehlen!

Deine Schläge, wie so selten
Mischt sich Lust in sie hinein!
Und wie Augenblicks vergelten
Sie ihm jede Lust mit Pein!

Ach! und weder Lust noch Qualen
Sind ihm schrecklicher als das:
Kalt und fühllos! O ihr Strahlen,
Schmelzt es lieber mir zu Glas!

Lieben, hassen, fürchten, zittern,
Hoffen, zagen bis ins Mark,
Kann das Leben zwar verbittern;
Aber ohne sie wärs Quark!

Jakob Michael Reinhold Lenz

Noch einmal packt sie diese Gier
Nach einem kalten Kavalier.

Nach einem krummen Einzelgänger
Pferdefuß und Rattenfänger
Nach einem naßrasierten Schädel
Asketenleib mit kurzem Säbel
Nach einem scheuen Musterknaben
Neunmalklug in sich vergraben
Nach einem süßen Melodram
Einem Jüngling, der nicht zahm
Das Salz von ihren Füßen lutscht
Der nicht dienert, der nicht flutscht
Der nicht schwänzelnd sie umkreist
Sie nicht einseift, sondern beißt
Der nach tausend tiefen Blicken
Sich empfiehlt mit einem Nicken

Ach, sie ist ganz krank vor Gier
Nach einem kalten Kavalier

Barbara Maria Kloos

Sie küßt den Jungen mit gefletschten Zähnen
Daß ihm das Blut aus seinen Lippen rinnt
Und er steht ratlos vor ihr wie ein Kind
Weil Lust und Angst einander so erwähnen.

Und sie singt wie ne Alte! O die kanns
Er stümperlich begleitet sie am Flügel
Und sieht unter dem Kleid schon kleine Hügel
Beben als Boden für die Resonanz.

Nun tritt sie aus der Villa fett gecremt
Er schleppt den Koffer nach wie ein Ganove
Und lernt indem, daß sich der Mensch nicht schämt

Wenn er gedeihen will. Am Hauptbahnhofe
Schenkt sie ihm lächelnd einen Silberblick.
Sodann verläßt sie kühl die Republik.

Volker Braun

Hermine

Hermine liebt Aprikosentörtchen,
Limonade findet sie süßer als Bier.
Hermine liebt die geflüsterten Wörtchen.
Anständige Menschen gefallen ihr.

Sie liebt es, auf dem Diwan zu liegen,
Ein Stückchen Schokolade im Mund.
Sie spricht nicht gerne vom Kinderkriegen.
Sie findet es eigentlich ungesund.

Aber deshalb ist man nicht prüde.
Es gibt nichts Schöneres als die Natur.
Nur macht die Liebe einen so müde
Und ruiniert die ganze Frisur.

Hermine ist für das Ideale,
Das Ideale findet sie fein.
Die Liebe – findet sie – ist das Brutale;
Besonders die Männer sind so gemein.

Franz Hessel

Deine Seele, die die meine liebet,
Ist verwirkt mit ihr im Teppichtibet.

Strahl in Strahl, verliebte Farben,
Sterne, die sich himmellang umwarben.

Unsere Füße ruhen auf der Kostbarkeit
Maschentausendabertausendweit.

Süßer Lamasohn auf Moschuspflanzenthron
Wie lange küßt dein Mund den meinen wohl
Und Wang die Wange buntgeknüpfte Zeiten schon?

Else Lasker-Schüler

Das Feuer brennt
das Feuer nennt
die Luft sein Schwesterelement –
und frißt sie doch (samt dem Ozon)!
Das ist die Liebe, lieber Sohn.

Christian Morgenstern

Liebesantrag

Laß uns mit dem Feuer spielen,
Mit dem tollen Liebesfeuer;
Laß uns in den Tiefen wühlen,
Drin die grausen Ungeheuer.

Menschenherzens wilde Bestien,
Schlangen, Schakal und Hyänen,
Die den Leichnam noch beläst'gen
Mit den gier'gen Schneidezähnen.

Laß uns das Getier versammeln,
Laß es stacheln uns und hetzen,
Und die Tore fest verrammeln
Und uns königlich ergötzen.

Frank Wedekind

Schnuppe

Meine süße Puppe
Mir ist alles schnuppe,
Wenn ich meine Schnauze
Auf die Deine bautze.

Kurt Schwitters

Rosen, Getreide, Holunder; in diesem Juni
alles weit weg, da unten. Gefühle
mehr und mehr auf Distanz; wir werden
auf diesem Meer nicht weit kommen.
Auf unseren Bildern sehen wir, wie
es war, aber nicht, was dann kam.

Jürgen Becker

Beredter Holunder dieser
vielzungige Holunder mein begieriger
Liebeshunger wie ich mit allen Haarsträhnen
wärmste Befederung oder Umarmung dich umfaßte von
der Seite dir um den Nacken die Wangen strich mit
wehenden
Haaren meine weißen tastenden Dolden
Phantasiezungen
um dich schlang daß du ganz geflochten

stocktest,

als du gingst,
mitten im Satz, dich
zu mir neigtest, bis meine Lippen
auf deiner Wange streiften meine Lippen
Bartstoppeln spürten einen tastenden Augenblick
deine gefiederte Antwort voraus: Aufrauschen und
Vorübergehn.

Ulrike Draesner

Am Meeresstrande bin ich heut gestanden
Und sah' im Sturme nah berghohe Wogen,
Die weißen Kämme gierig vorgebogen,
Als wollten diesmal sie für immer landen.

Und wie sie donnernd an das Ufer branden,
Da ist die Kraft, da ist der Muth verflogen;
Von Allmachtsarmen heimatwärts gezogen,
Ruhn sie gesänftigt in den alten Banden.

So trieb es mich von dir in diese Ferne,
Als hielte sie im Zauberring umschlossen,
Ein traumerschautes, heiß ersehntes Glück.

Doch ohne Dich, was sind mir andre Sterne!
Ich wende mich von ihnen ab verdrossen,
Und all' mein Sehnen strömt zu dir zurück.

Friedrich Spielhagen

Wie nächtlich ungestüm die Wellen wogen,
Bald schwellend liebevoll zum Sternenkranze,
Bald sinkend zu der Tiefe hingezogen,
Sehnsüchtig fluthend in dem Wechseltanze,
Bis Morgenrot empor scheint aus den Wogen,
Noch feucht in blumenlichtem Thränenglanze;
So steigen hier der Dichtkunst hohe Strahlen
Aus tiefer Sehnsucht Meer und Wonnequalen.

Friedrich Schlegel

Jetzt bist du da, dann bist du dort.
Jetzt bist du nah, dann bist du fort.
Kannst du's fassen? Und über eine Zeit
gehen wir beide die Ewigkeit
dahin – dorthin. Und was blieb? …
Komm, schließ die Augen und hab mich lieb!

Christian Morgenstern

Clarisse

I

Meinen schönsten Liebesantrag
Suchst du ängstlich zu verneinen;
Frag ich dann: ob das ein Korb sei?
Fängst du plötzlich an zu weinen.

Selten bet ich, drum erhör mich,
Lieber Gott! Hilf dieser Dirne,
Trockne ihre süßen Tränen
Und erleuchte ihr Gehirne.

II

Überall wo du auch wandelst,
Schaust du mich zu allen Stunden,
Und je mehr du mich mißhandelst,
Treuer bleib ich dir verbunden.

Denn mich fesselt holde Bosheit,
Wie mich Güte stets vertrieben;
Willst du sicher meiner los sein,
Mußt du dich in mich verlieben.

III

Hol der Teufel deine Mutter,
Hol der Teufel deinen Vater,
Die so grausam mich verhindert,
Dich zu schauen im Theater.

Denn sie saßen da und gaben,
Breitgeputzt, nur seltne Lücken,
Dich im Hintergrund der Loge,
Süßes Liebchen, zu erblicken.

Und sie saßen da und schauten
Zweier Liebenden Verderben,
Und sie klatschten großen Beifall,
Als sie beide sahen sterben.

IV

Wie du knurrst und lachst und brütest,
Wie du dich verdrießlich windest,
Wenn du ohne selbst zu lieben
Dennoch Eifersucht empfindest!

Nicht die duftig rote Rose
Willst du riechen oder küssen;
Nein, du schnüffelst an den Dornen,
Bis die Nase dir zerrissen.

Heinrich Heine

Daß in deinem Engelsköpfchen
So viel Teufelei rumort,
Hätt ich nimmer ahnen können;
Aber deine Küsse brennen,
Wie kein Höllenfeuer schmort.

Deiner Seele heiße Sauce
Gießt sich prasselnd auf mich aus;
Mit den neusten Apparaten
Werd ich Ärmster ausgebraten,
Ein bejammernswerter Schmaus.

Schließlich öffnest du die Brust mir
Und transchierst mein dampfend Herz,
Weidest dich an seinem Pochen,
Wie's zerrissen und zerstochen
Und in Stücke sprang vor Schmerz.

Frank Wedekind

Ich habe geseufzt, ich habe geflucht

beatrice ich singe wenn niemand mich hört
ich ersinne deine namen mit leiser stimme
mir geht es gut beatrice danke ich summe
und trage dich nicht nur auf lippen ich stoße
dich auch aus voller lunge aus mir heraus und
liebe dich aus der erinnerung als hohen ton
im kopf im ohr ich höre beatrice dich mir an

Raphael Urweider

Liebhaber sind zunächst ein
toskanischer Dichter

Petrarca oder noch vor ihm
der Dante mit Hilfe von
Alfred North Whitehead zeihen
wir sie einer

unerhörten Liebe zum Fleisch
in Gestalt einer Laura auch
zum Gegenstand eines im Fleisch
erscheinenden

Geistes namens Beatrice zu unserer
Dame Gott werden wir alle einst
im göttlichen Fleisch wandeln

Paul Wühr

Auf Lord Byron, Juni 1825

Stark von Faust, gewandt im Rat,
Liebt er die Hellenen;
Edles Wort und schöne Tat
Füllt' sein Aug' mit Tränen.

Liebt den Säbel, liebt das Schwert,
Freut sich der Gewehre;
Säh' er, wie sein Herz begehrt,
Sich vor mut'gem Heere!

Laßt ihn der Historia,
Bändigt euer Sehnen;
Ewig bleibt ihm Gloria,
Bleiben uns die Tränen.

Johann Wolfgang Goethe

Zu »William Ratcliff«

Ich habe die süße Liebe gesucht,
Und hab den bittern Haß gefunden,
Ich habe geseufzt, ich habe geflucht,
Ich habe geblutet aus tausend Wunden.

Auch hab ich mich ehrlich Tag und Nacht
Mit Lumpengesindel herumgetrieben,
Und als ich all diese Studien gemacht,
Da hab ich ruhig den Ratcliff geschrieben.

Heinrich Heine

Die Namen

Ich frage meine Schöne:
Wie soll mein Lied dich nennen?
Soll dich als Dorimene,
Als Galathee, als Chloris,
Als Lesbia, als Doris,
Die Welt der Enkel kennen?

Ach! Namen sind nur Töne:
Sprach meine holde Schöne.
Wähl' selbst. Du kannst mich Doris,
Und Galathee und Chloris,
Und – wie du willst mich nennen;
Nur nenne mich die Deine.

Gotthold Ephraim Lessing

VIII
Die Liebende schreibt

Ein Blick von deinen Augen in die meinen,
Ein Kuß von deinem Mund auf meinem Munde,
Wer davon hat, wie ich, gewisse Kunde,
Mag dem was anders wohl erfreulich scheinen?

Entfernt von dir, entfremdet von den Meinen,
Führ' ich stets die Gedanken in die Runde,
Und immer treffen sie auf jene Stunde,
Die einzige; da fang' ich an zu weinen.

Die Träne trocknet wieder unversehens:
Er liebt ja, denk' ich, her in diese Stille,
Und solltest du nicht in die Ferne reichen?

Vernimm das Lispeln dieses Liebewehens;
Mein einzig Glück auf Erden ist dein Wille,
Dein freundlicher zu mir; gib mir ein Zeichen!

Johann Wolfgang Goethe

IX
Die Liebende abermals

Warum ich wieder zum Papier mich wende?
Das mußt du, Liebster, so bestimmt nicht fragen:
Denn eigentlich hab' ich dir nichts zu sagen:
Doch kommt's zuletzt in deine lieben Hände.

Weil ich nicht kommen kann, soll was ich sende
Mein ungeteiltes Herz hinüber tragen
Mit Wonnen, Hoffnungen, Entzücken, Plagen:
Das alles hat nicht Anfang, hat nicht Ende.

Ich mag vom heut'gen Tag dir nichts vertrauen,
Wie sich im Sinnen, Wünschen, Wähnen, Wollen
Mein treues Herz zu dir hinüber wendet,

So stand ich einst vor dir, dich anzuschauen
Und sagte nichts. Was hätt' ich sagen sollen?
Mein ganzes Wesen war in sich vollendet.

Johann Wolfgang Goethe

Zaid und Zaida
Spanisch

Durch die Straße seiner Dame
Wandelt Zaid auf und nieder,
Harrend, daß die Stunde komme,
Endlich komme, sie zu sprechen.

Und schon geht der Mohr verzweifelnd,
Da es sich so lange zögert,
Denket: nur von ihr Ein Anblick
Wird all meine Flammen kühlen. –

Und da sieht er sie! Am Fenster
Tritt hervor sie, wie die Sonne
Aufgeht in dem Ungewitter,
Wie der Mond im Dunkel aufgeht.

Leise tritt ihr Zaid näher:
Alla mit dir, schöne Mohrin!
Ist es wahr, was meine Pagen,
Deine Dienerinnen sagen?

Sagen: Du willt mich verlassen,
Wollest einem schnöden Mohren,
Der von deines Vaters Gütern
Kaum noch ankam, dich vermählen?

Ist es wahr, o schönste Zaida?
Sage mir es, täusche mich nicht,
Wolle mir es nicht verhehlen,
Was so laut ja alle wissen!

Tiefgebeugt erwidert Zaida:
Ja, mein Guter, es ist Zeit nun,
Daß sich dein' und meine Freundschaft
Trenne, weil es alle wissen.

Um und an bin ich verloren,
Wenn die Sache weiter fortgeht,
Alla weiß, wie es mich schmerzet,
Wies mich drücket, dich zu lassen.

Du weißt wohl, wie ich dich liebte,
Trotz des Widerspruchs der Meinen,
Weißt, was ich mit meiner Mutter
Für Verdruß und Kummer hatte,

Wenn ich dich zu Nacht erharrte,
Harrte, dich noch spät zu sehen;
Dies auf Einmal mir zu enden,
Wollen sie jetzt – mich vermählen.

Bald wird eine andre Dame
Schön und artig dein sein, Zaid,
Die dich liebet, die du liebest,
Weil du es verdienst, o Zaid.

Tiefgebeugt der Mohr erwidert,
Hingedrückt von tausend Kummer:
»Nicht versteh' ichs, schöne Zaida,
Wie du mit mir also handelst?

Nicht versteh' ichs, wie du also
Wechselst meine treue Liebe?
Einem häßlich schlechten Mohren,
Der so großen Guts nicht wert ist.

Warst du's, die auf dieser Stelle
Zu mir sprach, noch jenen Abend?
Dein bin ich, dein bin ich ewig!
Dein, o du mein Leben, Zaid!«

Johann Gottfried Herder

Vom morgenstern laß uns
träume keltern und trinken.
sieh! um die Stirnen der scheunen
treibt der blaue oktober . .
aufgeschlagen vor uns das frische
buchstabenbuch des herbstes
lesen wir beide die gelben verse
einer verwendeten ernte,
winden die heißen zenithe des sommers
in brunnen hinab,
segnen das wiederaufgezogene,
die eimer der kühle
und tauchen die hände hinein
und befeuchten den mund,
frischen ihn auf zu neuen,
zu helleren küssen,
denen nicht anklebt
das bittere vergangener brände.
komm!
wir wollen zusammen
über gilbende wiesen gehn,
damit sich die zeitlose
zart im blut unserer liebe erlöst!

H. C. Artmann

Lied eines Lappländers

Komm, Zama, komm! Laß deinen Unmuth fahren,
O du der Preis
Der Schönen! komm! In den zerstörten Haaren
Hängt mir schon Eis.

Du zürnst umsonst. Mir giebt die Liebe Flügel,
Nichts hält mich auf.
Kein tiefer Schnee, kein Sumpf, kein Thal, kein Hügel
Hemmt meinen Lauf.

Ich will im Wald auf hohe Bäume klimmen
Dich auszuspähn,
Und durch die Fluth der tiefsten Ströhme schwimmen,
Um dich zu sehn.

Das dürre Laub will ich vom Strauche pflücken,
Der dich verdeckt,
Und auf der Wies' ein iedes Rohr zerknicken,
Das dich versteckt.

Und solltest du, weit übers Meer, in Wüsten
Verborgen seyn;
So will ich bald an Grönlands weißen Küsten,
Nach Zama schreyn.

Die lange Nacht kommt schon. Still mein Verlangen
Und eil zurück!
Du kommst, mein Licht! du kommst, mich zu umfangen;
O, welch ein Glück!

Ewald Christian von Kleist

Wie wir so still an einem Tische saßen,
Als hätten wir uns früher nie gesehn,
Und ganz geruhig unsern Spargel aßen,
Als wäre gar nichts zwischen uns geschehn,

Und wie sie mir – als wenn ich es nicht wüßte! –
Im Flüsterton erzählten, wer du bist,
Und ich zum Abschied dir das Händchen küßte,
Als hätt' ich deinen Nacken nie geküßt ...!

Arthur Schnitzler

Du meine Seele, du mein Herz,
Du meine Wonn, o du mein Schmerz,
Du meine Welt, in der ich lebe,
Mein Himmel du, darein ich schwebe,
O du mein Grab, in das hinab
Ich ewig meinen Kummer gab.
Du bist die Ruh, du bist der Frieden,
Du bist der Himmel mir beschieden.
Daß du mich liebst, macht mich mir werth,
Dein Blick hat mich vor mir verklärt,
Du hebst mich liebend über mich,
Mein guter Geist, mein beßres Ich!

Friedrich Rückert

Mein!

Bächlein, laß dein Rauschen sein!
Räder, stellt eur Brausen ein!
All ihr muntern Waldvögelein,
Groß und klein,
Endet eure Melodein!
Durch den Hain
Aus und ein
Schalle heut *ein* Reim allein:
Die geliebte Müllerin ist *mein!*
Mein!
Frühling, sind das alle deine Blümelein?
Sonne, hast du keinen hellern Schein?
Ach, so muß ich ganz allein,
Mit dem seligen Worte *mein*,
Unverstanden in der weiten Schöpfung sein!

Wilhelm Müller

Verfehlter französischer Roman

An dem Fenster steht Mathilde,
Alfred schlendert durch die Gassen,
Und es donnert grad' gefährlich,
Als sie sich ins Auge fassen.

Bei des ersten Blitzes Leuchten
Sieht er ihren Ring am Finger,
Sieht er ihr verschämtes Häubchen
Und des Gitters Eisenzwinger.

Bei des zweiten Strahles Zucken
Sieht sie seine braunen Wangen,
Sieht der Augen wildes Blinzeln
Und die Lippe schwarz umhangen.

Und in beider Herzen quillt es,
Mächtig mit den Regentraufen:
»Mein nun, mein, weshalb ich lange
Mir die Sohlen abgelaufen?«

Alfred spannt ein Regenschirme
und Mathild' in ihrer süßen
Not beginnt ein magres, sieches
Rosenstöckchen zu begießen.

Alfred streicht den Henri quatre,
Funkelt keck in das Gewitter,
Und Mathilde pflückt ein Knöspchen,
Das per Zufall fällt durch's Gitter.

Wie der Alfred fährt zum Grunde,
Läßt sich nicht genug beschreiben!
Kurz, fortan sehn wir die beiden
Am bekannten Gleise treiben.

Wunderlich Zusammentreffen –
Kirchengänge – Maskeraden –
Alles, was du um zwei Franken
Holst im nächsten Bücherladen.

Süße Worte sind erklungen,
Ros'ge Blätterchen beschrieben;
»Alfred« heißt er, sie »Mathilde«:
Ist das nicht genug zum Lieben!

Bei Selenens Scheine wandelnd
Stöhnt er düster einst mit matten
Sterbelauten: »Weh, ich könnte,
Morden könnt' ich deinen Gatten!«

»Gatte? flötet die Geliebte:
Wie? ein anderer sollt' auf Erden,
Süßer Schwärmer, als du selber
Deiner Lilie Hüter werden?«

Annette von Droste-Hülshoff

Komm mit mir in das Cinema,
Dort findet man, was einmal war:
Die Liebe!

Liegt meine Hand in deiner Hand
Ganz übermannt im Dunkel,
Trompetet wo ein Elefant
Urplötzlich aus dem Dschungel –

Und schnappt nach uns aus heißem Sand
Auf seiner Filmenseide
Ein Krokodilweib, hirnverbrannt,
Dann – küssen wir uns beide.

Else Lasker-Schüler

An den eifersüchtigen Leander

Leander, laß die Sorgen fahren
Und stelle deinen Eifer ein,
Du kannst die tollen Grillen sparen
Und solcher überhoben sein,
Ich komme dir nicht in die Flanken,
Was beißt du dich mit mir herum?
Laß doch die thörichten Gedanken,
Dein Mädchen ist mir viel zu dumm!

Du wirst es, zeigtens die Gebärden,
Ohnfehlbar wohl noch vor Verdruß
Zu einem Basilisken werden,
Der endlich gar zerbersten muß.
Ach! huste nur nicht in die Höschen,
Wenn man zu deinem Mädchen lacht
Und mit ihr dann und wann ein Chöschen
Wiewohl dir nur zum Scherze macht.

Gottlieb Siegmund Corvinus

Konfession

Freudig schwör ich es mit jedem Schwure
Vor der Allmacht, die mich züchtigen kann:
Wie viel lieber wär ich eine Hure
Als an Ruhm und Glück der reichste Mann!

Welt, in mir ging dir ein Weib verloren,
Abgeklärt und jeder Hemmung bar.
Wer war für den Liebesmarkt geboren
So wie ich dafür geboren war?

Lebt ich nicht der Liebe treu ergeben
Wie es andre ihrem Handwerk sind?
Liebt ich nur ein einzig Mal im Leben
Irgendein bestimmtes Menschenkind?

Lieben? – Nein, das bringt kein Glück auf Erden.
Lieben bringt Entwürdigung und Neid.
Heiß und oft und stark geliebt zu werden,
Das heißt Leben, das ist Seligkeit!

Oder sollte Schamgefühl mich hindern,
Wenn sich erste Jugendkraft verliert,
Jeden noch so seltnen Schmerz zu lindern,
Den verwegne Phantasie gebiert?

Schamgefühl? – Ich hab es oft empfunden;
Schamgefühl nach mancher edlen Tat;
Schamgefühl vor Klagen und vor Wunden;
Scham, wenn endlich sich Belohnung naht.

Aber Schamgefühl des Körpers wegen,
Der mit Wonnen überreich begabt?
Solch ein Undank hat mir fern gelegen,
Seit mich einst der erste Kuß gelabt!

Und ein Leib, vom Scheitel bis zur Sohle
Allerwärts als Hochgenuß begehrt …
Welchem reinern, köstlichern Idole
Nachzustreben, ist dies Dasein wert?

Wenn der Knie leiseste Bewegung
Krafterzeugend wirkt wie Feuersglut,
Und die Kraft, aus wonniger Erregung
Sich zu überbieten, nicht mehr ruht;

Immer unverwüstlicher und süßer,
Immer klarer im Genuß geschaut,
Daß es statt vor Ohnmacht dem Genießer
Nur vor seiner Riesenstärke graut …

Welt, wenn ich von solchem Zauber träume,
Dann zerstiebt zu nichts, was ich getan;
Dann preis ich das Dasein und ich bäume
Zu den Sternen mich vor Größenwahn! – – –

Unrecht wär's, wollt ich der Welt verhehlen,
Was mein Innerstes so wild entflammt,
Denn vom Beifall vieler braver Seelen
Frag ich mich umsonst, woraus er stammt.

Frank Wedekind

bevor dieser September umkippt

Vom Berge

Da unten wohnte sonst mein Lieb,
Die ist jetzt schon begraben,
Der Baum noch vor der Türe blieb,
Wo wir gesessen haben.

Stets muß ich nach dem Hause sehn,
Und seh' doch nichts vor Weinen,
Und wollt' ich auch hinuntergehn,
Ich stürb' dort so alleine!

Joseph von Eichendorff

SAGT ER:

für Ernst Jandl

bin jetzt hier   bist noch dort
dort war Blume Schmerz und Wort
kann dir nicht sagen wie es hier ist –
oh dasz du mir verloren bist

Friederike Mayröcker

Trauriges Pärchen, das für seine
Samstagsnummer raus zu den Baracken
fährt, im Schrittempo. Ihr Blick sucht
die verdorrte Landschaft ab, die Hangars
auch jenseits des Stacheldrahts, und er,
vielleicht Vermessungsdirigent, denkt
nach: Im leeren Wohnblock, feuchten
Dunkel, hinter Spanplatte, verrammeltem
Fensterloch, wie manches Mal im Sommer?
In aufgelassener Pusztahütte, wo
Paprikaskizzen vom eingeschlagenen
Ladenfenster leuchten? Es bleibt den beiden
nicht viel Zeit, mitten im Sperrgebiet, bevor
jeder allein nach Hause muß, Kohlduft
im Zimmer, Sportschau läuft, Familie
wartet mit dem Abendessen. Gardinen
müßten abgenommen und gewaschen
werden, Kniest vom ganzen Jahr. So
lang die Luft noch lau, hier zwischen
Gräsern? So lang das Heidekraut noch
nicht mit Regen vollgesogen? Das matte
Gelb der Dolden, Wildgras, Staub, das
Grau der Tarnanlage im Verfall. Bleiben
wir kurzerhand im Wagen? Trauriges
Pärchen, das im Schrittempo, bevor
dieser September umkippt.

Marcel Beyer

An ***

Es kommt zu spät, was du mir lächelst,
Was du mir seufzest, kommt zu spät!
Längst sind gestorben die Gefühle,
Die du so grausam einst verschmäht.

Zu spät kommt deine Gegenliebe!
Es fallen auf mein Herz herab
All deine heißen Liebesblicke,
Wie Sonnenstrahlen auf ein Grab.

Heinrich Heine

Eine junge Witwe singt vor sich hin

Sitze nun so allein,
traurig in Schwarz gehüllt,
gehe fort, komme heim –
immer sein Bild!

Ach, und das Leben rings
lacht mich so lockend an,
aber des Schmetterlings
Flügel sind lahm.

Wenn ich in'n Spiegel schau –:
Lippen so rot, so rot –
Seide so tot, so tot –:
Einsame Frau …

Draußen so Lenz und Licht,
drinnen so tränengrau –
faß es und faß es nicht –:
Einsame Frau …

Christian Morgenstern

Der schwere Abend

Die dunklen Wolken hingen
Herab so bang und schwer,
Wir beide traurig gingen
Im Garten hin und her.

So heiß und stumm, so trübe
Und sternlos war die Nacht,
So ganz wie unsre Liebe
Zu Tränen nur gemacht.

Und als ich mußte scheiden
Und gute Nacht dir bot,
Wünscht ich bekümmert beiden
Im Herzen uns den Tod.

Nikolaus Lenau

Der Kämpe

Nach drei Jahren kam gefahren
Einsam auf dem Rhein ein Schiff,
Drin gebunden und voll Wunden
Lag ein Rittersmann und rief:

»Still den Garten schön tust warten,
Bleibst am Fenster ofte stehn,
Ruhig scheinst du, heimlich weinst du,
Wie die Schiffe unten gehn.«

»Was vertraust du, warum baust du
Auf der Männer wilde Brust,
Die das Blut ziert und der Streit rührt
Und die schöne Todeslust!«

Oben spinnend, saß sie sinnend –
Schwanden Schiff und Tageslicht,
Was er sunge, war verklungen,
Sie erkannt' den Liebsten nicht.

Joseph von Eichendorff

Am Tage kann ich zügeln meine Schritte,
Mich nicht zu tragen mehr zu deiner Hütte;
Nachts kann ich es dem Traume nicht verwehren,
Noch oft daselbst, wie vormals, einzukehren.

Am Tage kann ich wenden meine Blicke,
Daß sie kein neuer Blick von dir bestricke;
Nachts kann ich so nicht die Gedanken zwingen,
Daß sie dein Bild mir nicht vor Augen bringen.

Nachts kann ich nicht gebieten diesen Trieben,
Die eigenwillig fahren fort zu lieben;
Allein am Tage soll mein Geist sich fassen,
Dich zu vergessen, ach, und dich zu lassen.

Friedrich Rückert

Der wandernde Musikant

Wandern lieb' ich für mein Leben,
Lebe eben wie ich kann,
Wollt' ich mir auch Mühe geben,
Paßt es mir doch gar nicht an.

Schöne alte Lieder weiß ich,
In der Kälte, ohne Schuh'
Draußen in die Saiten reiß' ich,
Weiß nicht, wo ich abends ruh'.

Manche Schöne macht wohl Augen,
Meinet, ich gefiel' ihr sehr,
Wenn ich nur was wollte taugen,
So ein armer Lump nicht wär'. –

Mag dir Gott ein'n Mann bescheren,
Wohl mit Haus und Hof versehn!
Wenn wir zwei zusammen wären,
Möcht' mein Singen mir vergehn.

Joseph von Eichendorff

Trennung

Weint, ihr Enten, klagt, ihr Schruten,
Euch die klaren Äuglein rot,
Und zerschmilz in Tränenfluten,
Du geliebtes Butterbrot.

Weh, sie hat sich mir entrissen,
Ließ die Lippen gramverwirrt,
Ihre Spuren nur zu küssen,
Wenn der Weg erst trocken wird.

Sah nicht mehr, wie kaltes Fieber
Auf der Wangen zartem Grün,
Sah nicht mehr mir gegenüber
Rosenfarb'ne Äuglein glühn.

Soll ich mir das Leben nehmen,
Sollt ihr sehn, was Liebe ist;
Doch ich darf mich so nicht grämen,
Denn ich bin ein frommer Christ.

Annette von Droste-Hülshoff

An die Entfernte

So hab' ich wirklich dich verloren?
Bist du, o Schöne, mir entflohn?
Noch klingt in den gewohnten Ohren
Ein jedes Wort, ein jeder Ton.

So wie des Wandrers Blick am Morgen
Vergebens in die Lüfte dringt,
Wenn, in dem blauen Raum verborgen,
Hoch über ihm die Lerche singt:

So dringet ängstlich hin und wieder
Durch Feld und Busch und Wald mein Blick;
Dich rufen alle meine Lieder;
O komm, Geliebte, mir zurück!

Johann Wolfgang Goethe

Georg Trakl erlag im Krieg von eigener Hand gefällt.
So einsam war es in der Welt. Ich hatte ihn lieb.

Else Lasker-Schüler

Ich soll ihn lassen
Und kann's nicht fassen;
Und du, mein Herz,
Du darfst es wagen,
Noch fort zu schlagen
Bei solchem Schmerz?

Frank Wedekind

I

Wie entwickeln sich doch schnelle,
Aus der flüchtigsten Empfindung,
Leidenschaften ohne Grenzen
Und die zärtlichste Verbindung!

Täglich wächst zu dieser Dame
Meines Herzens tiefe Neigung,
Und daß ich in sie verliebt sei,
Wird mir fast zur Überzeugung.

Schön ist ihre Seele. Freilich,
Das ist immer eine Meinung;
Sichrer bin ich von der Schönheit
Ihrer äußeren Erscheinung.

Diese Hüften! Diese Stirne!
Diese Nase! Die Entfaltung
Dieses Lächelns auf den Lippen!
Und wie gut ist ihre Haltung!

II

Ach, wie schön bist du, wenn traulich
Dein Gemüt sich mir erschließet,
Und von nobelster Gesinnung
Deine Rede überfließet!

Wenn du mir erzählst, wie immer
Du so groß und würdig dachtest,
Wie dem Stolze deines Herzens
Du die größten Opfer brachtest!

Wie man dich für Millionen
Nicht vermöchte zu erwerben –
Eh du dich für Geld verkauftest,
Lieber würdest du ja sterben!

Und ich steh vor dir und höre,
Und ich höre dich zu Ende;
Wie ein stummes Bild des Glaubens
Falt ich andachtsvoll die Hände –

III

Schaff mich nicht ab, wenn auch den Durst
Gelöscht der holde Trunk;
Behalt mich noch ein Vierteljahr,
Dann hab auch ich genung.

Kannst du nicht mehr Geliebte sein,
Sei Freundin mir sodann;
Hat man die Liebe durchgeliebt,
Fängt man die Freundschaft an.

Heinrich Heine

§

»Is this seat taken?« I don't understand the question.

»Was there ever any doubt?« Below the knees.

»Can you forgive me?« I hardly even know you.

»Does it have meat in it?« I'm not at liberty to say.

»Am I going to be OK?« Yes and no.

»How long was I asleep?« That remains to be seen.

»Have you met my mother?« I won't dignify that with an answer.

»Do you love me?«

»Which would you prefer?« Long ago.

»Can you hear me?« In the pejorative sense.

»How do I know it's really you?« Not exactly.

»Did you do the reading?« I do not love you.

»Swear on your life?« Swear on my life.

»Do you want me to leave?« Little by little.

§

»Ist dieser Platz besetzt?« Ich verstehe die Frage nicht.

»Gab es je irgendeinen Zweifel?« Unterhalb der Knie.

»Kannst du mir vergeben?« Ich kenne dich kaum.

»Ist das mit Fleisch?« Ich bin nicht befugt, darüber Auskunft zu geben.

»Werde ich wieder gesund?« Ja und nein.

»Wie lange hab ich geschlafen?« Das wird sich zeigen.

»Hast du meine Mutter getroffen?« Das verdient keine Antwort.

»Liebst du mich?«

»Was wäre dir lieber?« Lange her.

»Kannst du mich hören?« Im pejorativen Sinn.

»Woher weiß ich, dass du es wirklich bist?« Nicht unbedingt.

»Hast du den Text gelesen?« Ich liebe dich nicht.

»Schwörst du bei deinem Leben?« Bei meinem Leben.

»Willst du, dass ich gehe?« Nach und nach.

Ben Lerner
Aus dem Amerikanischen
von Steffen Popp

aber deine Härchen

Der Jüngling an das Mädchen

Scharade

Zwei kurze Laute sage mir;
Doch einzeln nicht, – so spricht ein Tier!
Zusammen sprich sie hübsch geschwind:
Du liebst mich doch, mein süßes Kind.

(Die Auflösung im folgenden Blatt)

Heinrich von Kleist

Das Schreien
Nach dem Italiänischen

Einst ging ich meinem Mädgen nach
Tief in den Wald hinein,
Und fiel ihr um den Hals, und ach!
Droht sie, ich werde schrein.

Da rief ich trotzig, ha! ich will
Den töten der uns stört!
Still, lispelt sie, Geliebter, still!
Daß ja dich niemand hört.

Johann Wolfgang Goethe

Dämmergang

Du lebst meerüber
In blauer Ferne
Und du besuchst mich
Beim ersten Sterne.

Ich mach im Felde
Die Dämmerrunde,
Umbellt, umsprungen
Von meinem Hunde.

Es rauscht im Dickicht,
Es webt im Düster,
Auf meine Wange
Haucht warm Geflüster.

Das Weggeleite
Wird trauter, trauter,
Du schmiegst dich näher,
Du plauderst lauter.

Da gibt's zu schelten,
Da gibt's zu fragen,
Und hell zu lachen
Und leis zu klagen.

Was wedelt Barry
So glückverloren?
Du kraust dem Liebling
Die weichen Ohren …

Conrad Ferdinand Meyer

I

Diese schönen Gliedermassen
Kolossaler Weiblichkeit
Sind jetzt, ohne Widerstreit,
Meinen Wünschen überlassen.

War ich, leidenschaftentzügelt,
Eigenkräftig ihr genaht,
Ich bereute solche Tat!
Ja, sie hätte mich geprügelt.

Welcher Busen, Hals und Kehle!
(Höher seh ich nicht genau.)
Eh ich ihr mich anvertrau,
Gott empfehl ich meine Seele.

II

Am Golfe von Biskaya
Hat sie den Tag erblickt;
Sie hat schon in der Wiege
Zwei junge Katzen erdrückt.

Sie lief mit bloßen Füßen
Wohl über die Pyrenän;
Drauf ließ sie als junge Riesin
In Perpignan sich sehn.

Jetzt ist sie die größte Dame
Im Faubourg Saint-Denis;
Sie kostet dem kleinen Sir William
Schon dreizehntausend Louis.

III

Manchmal wenn ich bei Euch bin,
Großgeliebte, edle Doña,
Wie erinnernd schweift mein Sinn
Nach dem Marktplatz von Bologna.

Dorten ist ein großer Brunn,
Fonte del Gigante heißt er,
Obendrauf steht ein Neptun
Von Johann, dem alten Meister.

Heinrich Heine

Hirschmotiv

für annette

zusammen gebissen; hungrig, rauh;
gänzliches auslöffeln der atlantischen
tiefs, heißhungrig unsre windsbrautnächte;
rasche bildwechsel, ineinander
verbissn;
                sich gehnlassn, absackn
in betrachtung (den schaufler-,
halbschauflermonaten, denen
nachhängen?)
                        in deinen blick versunken;
dein geflutetes kajal, gekenterter
augenrand! BORSTIGE ANMUT!
glitschige innenseiten, sintflut
zwischen den Schenkeln roter anblick
des haarknäuels, unser hirschhaar (›was?
roastbeeffarben? vorgequollne kinositz-
füllung? lichtspielpalast?‹)
heißhungrig, rauh: so essen wir
den november auf

Thomas Kling

Auf ein schönes Mädgen, das in der Kirche sehr andächtig war

Andächtiger und schöner als Lucinden
Wird man nicht leicht ein Mädgen beten sehn;
In jedem Zug lag Reue für die Sünden
Und jeder reizte zum Begehn.

Georg Christoph Lichtenberg

Angedenken

Berg' und Täler wieder fingen
Ringsumher zu blühen an,
Aus dem Walde hört' ich singen
Einen lust'gen Jägersmann.

Und die Tränen drangen leise:
So einst blüht' es weit und breit,
Als mein Lieb dieselbe Weise
Mich gelehrt vor langer Zeit.

Ach, ein solches Angedenken,
'S ist nur eitel Klang und Luft,
Und kann schimmernd doch versenken
Rings in Tränen Tal und Kluft!

Joseph von Eichendorff

Jägers Abendlied

Im Felde schleich' ich still und wild,
Gespannt mein Feuerrohr.
Da schwebt so licht dein liebes Bild,
Dein süßes Bild mir vor.

Du wandelst jetzt wohl still und mild
Durch Feld und liebes Tal,
Und ach mein schnell verrauschend Bild,
Stellt sich dir's nicht einmal?

Des Menschen, der die Welt durchstreift
Voll Unmut und Verdruß,
Nach Osten und nach Westen schweift,
Weil er dich lassen muß.

Mir ist es, denk' ich nur an dich,
Als in den Mond zu sehn;
Ein stiller Friede kommt auf mich,
Weiß nicht wie mir geschehn.

Johann Wolfgang Goethe

Der Jäger

Was sucht denn der Jäger am Mühlbach hier?
Bleib, trotziger Jäger, in deinem Revier!
Hier gibt es kein Wild zu jagen für dich,
Hier wohnt nur ein Rehlein, ein zahmes, für mich.
Und willst du das zärtliche Rehlein sehn,
So laß deine Büchsen im Walde stehn,
Und laß deine klaffenden Hunde zu Haus,
Und laß auf dem Horne den Saus und Braus,
Und schere vom Kinne das struppige Haar,
Sonst scheut sich im Garten das Rehlein fürwahr.

Doch besser, du bliebest im Walde dazu,
Und ließest die Mühlen und Müller in Ruh.
Was taugen die Fischlein im grünen Gezweig?
Was will denn das Eichhorn im bläulichen Teich?
Drum bleibe, du trotziger Jäger, im Hain,
Und laß mich mit meinen drei Rädern allein;
Und willst meinem Schätzchen dich machen beliebt,
So wisse, mein Freund, was ihr Herzchen betrübt:
Die Eber, die kommen zu Nacht aus dem Hain,
Und brechen in ihren Kohlgarten ein,
Und treten und wühlen herum in dem Feld:
Die Eber die schieße, du Jägerheld!

Wilhelm Müller

Der traurige Jäger

Zur ew'gen Ruh sie sangen
Die schöne Müllerin,
Die Sterbeglocken klangen
Noch über'n Waldgrund hin.

Da steht ein Fels so kühle,
Wo keine Wandrer gehn,
Noch einmal nach der Mühle
Wollt' dort der Jäger sehn.

Die Wälder rauschten leise,
Sein Jagen war vorbei,
Der blies so irre Weise,
Als müßt' das Herz entzwei.

Und still dann in der Runde
Ward's über Tal und Höh'n,
Man hat seit dieser Stunde
Ihn nimmermehr gesehn.

Joseph von Eichendorff

Wunderlichstes Buch der Bücher
Ist das Buch der Liebe;
Aufmerksam hab' ichs gelesen:
Wenig Blätter Freuden,
Ganze Hefte Leiden,
Einen Abschnitt macht die Trennung.
Wiedersehn! ein klein Capitel
Fragmentarisch. Bände Kummers
Mit Erklaerungen verlaengert,
Endlos ohne Maas.
O! Nisami! – doch am Ende
Hast den rechten Weg gefunden;
Unauflösliches wer löst es?
Liebende sich wieder findend.

Johann Wolfgang Goethe

Lied. Aus dem Spanischen

Gestern liebt' ich,
Heute leid' ich,
Morgen sterb' ich:
Dennoch denk' ich
Heut und morgen
Gern an gestern.

Gotthold Ephraim Lessing

Niemand weiß, wie schwer mirs fällt,
Flammen in der Brust zu hegen
Und sie dennoch vor der Welt
Nicht ans freie Licht zu legen.
Feuer läßt sich nicht verhehlen,
Denn sein Glanz ist allzuklar,
Und die Glut verliebter Seelen
Macht sich selber offenbar.

Hundert Augen, die von Neid
Und von lauter Argwohn brennen,
Sind auf mich zu sehn bereit,
Ob sie was vermerken können.
Noch verberg ich meine Schmerzen,
Daß man keine Funken sieht,
Da die Liebe doch im Herzen
Wie ein andrer Ätna glüht.

Dieses ist der Liebe Kunst:
Amor suchet Finsternissen,
Und von seiner stillen Brunst
Muß der helle Tag nichts wissen.
Venus bricht mit ihrem Sterne
Erst bei dunkler Nacht herein,
Daß die zarte Jugend lerne,
In der Liebe heimlich sein.

Drum gewöhne dich mein Mut,
Deine Flammen zu verschweigen.
Laß von der verborgnen Glut
Weder Mund noch Auge zeugen.
Mußt du dich gleich etwas zwingen,
Ist gleich die Verstellung schwer:
Aus den allerschwersten Dingen
Kommt die größte Lust oft her.

Christian Hoffmann von Hoffmannswaldau

Junge Liebe

Über dem Brünnlein nicket der Zweig,
Waldvögel zwitschern und flöten,
Wild Anemon' und Schlehdorn bleich
Im Abendstrahle sich röten,
Und ein Mädchen mit blondem Haar
Beugt über der glitzernden Welle,
Schlankes Mädchen, kaum fünfzehn Jahr,
Mit dem Auge der scheuen Gazelle.

Ringelblumen blättert sie ab:
»Liebt er?« – »liebt er mich nimmer?«
Und wenn »liebt« das Orakel gab,
Um ihr Antlitz gleitet ein Schimmer:
»Liebt er nicht« – o Grimm und Graus!
Daß der Himmel den Blüten gnade!
Gras und Blumen, den ganzen Strauß
Wirft sie zürnend in die Kaskade.

Gleitet dann in die Kräuter lind,
Ihr Auge wird ernst und sinnend;
Frommer Eltern heftiges Kind,
Nur Minne nehmend und minnend,
Kannte sie nie ein anderes Band
Als des Blutes, die schüchterne Hinde;
Und nun Einer, der nicht verwandt –
Ist das nicht eine schwere Sünde?

Mutlos seufzet sie niederwärts,
In argem Schämen und Grämen,
Will zuletzt ihr verstocktes Herz
Recht ernstlich in Frage nehmen.
Abenteuer sinnet sie aus:
Wenn das Haus nun stände in Flammen,
Und um Hilfe riefen heraus
Der Karl und die Mutter zusammen?

Plötzlich ein Perlenregen dicht
Stürzt ihr glänzend aus beiden Augen,
In die Kräuter gedrückt ihr Gesicht,
Wie das Blut der Erde zu saugen,
Ruft sie schluchzend: »Ja, ja, ja!«
Ihre kleinen Hände sich ringen,
»Retten, retten würd' ich Mama,
Und zum Karl in die Flamme springen!«

Annette von Droste-Hülshoff

aber deine härchen! dein blonz haar! aller
hand zerstückelt jetzt; deine schultern
machst du breit bei flackerndem atem aber
woanders (leck mich!); dein nacken aber
das stück mit den aufgestellten herrchen
wenn ich anderswo oder wer anders: ging
aber ganz schön schnell, unser ausgleiten
auseinandergleiten in nennenswerte entfernung!
entglitten die nicknames für herzen! und
das fällt ins gewicht; und schon wieder
sind zwei um eine tote Sprache reicher
(verlernt), ein kaputtes pidgin mehr

Thomas Kling

Brigitte B.

Ein junges Mädchen kam nach Baden,
Brigitte B. war sie genannt,
Fand Stellung dort in einem Laden,
Wo sie gut angeschrieben stand.

Die Dame, schon ein wenig älter,
War dem Geschäfte zugetan,
Der Herr ein höherer Angestellter
Der königlichen Eisenbahn.

Die Dame sagt nun eines Tages,
Wie man zur Nacht gegessen hat:
»Nimm dies Paket, mein Kind, und trag es
Zu der Baronin vor der Stadt.«

Auf diesem Wege traf Brigitte
Jedoch ein Individium,
Das hat an sie nur eine Bitte,
Wenn nicht, dann bringe er sich um.

Brigitte, völlig unerfahren,
Gab sich ihm mehr aus Mitleid hin.
Drauf ging er fort mit ihren Waren
Und ließ sie in der Lage drin.

Sie konnt es anfangs gar nicht fassen,
Dann lief sie heulend und gestand,
Daß sie sich hat verführen lassen,
Was die Madam begreiflich fand.

Frank Wedekind

1

Wie Merlin, der eitle Weise,
Bin ich armer Nekromant
Nun am Ende festgebannt
In die eignen Zauberkreise.

Festgebannt zu ihren Füßen
Lieg ich nun, und immerdar
Schau ich in ihr Augenpaar;
Und die Stunden, sie verfließen.

Stunden, Tage, ganze Wochen,
Sie verfließen wie ein Traum,
Was ich rede, weiß ich kaum,
Weiß auch nicht, was sie gesprochen.

Manchmal ist mir, als berühren
Ihre Lippen meinen Mund –
Bis in meiner Seele Grund
Kann ich dann die Flammen spüren.

2

Gesanglos war ich und beklommen
So lange Zeit – nun dicht ich wieder!
Wie Tränen, die uns plötzlich kommen,
So kommen plötzlich auch die Lieder.

Melodisch kann ich wieder klagen
Von großem Lieben, größerm Leiden,
Von Herzen, die sich schlecht vertragen
Und dennoch brechen, wenn sie scheiden.

Manchmal ist mir, als fühlt ich wehen
Über dem Haupt die deutschen Eichen –
Sie flüstern gar von Wiedersehen –
Das sind nur Träume – sie verbleichen.

Manchmal ist mir, als hört ich singen
Die alten, deutschen Nachtigallen –
Wie mich die Töne sanft umschlingen! –
Das sind nur Träume – sie verhallen.

Wo sind die Rosen, deren Liebe
Mich einst beglückt? – All ihre Blüte
Ist längst verwelkt! – Gespenstisch trübe
Spukt noch ihr Duft mir im Gemüte.

Heinrich Heine

Tattoos
für annette

im tiefflug zeitlupe du und ich
in greller einflugschneise; durch
abgekippte jalousie ein trans-
parentes gleiten: vogelfluglinie
abendlicht;
                    mit rotem filzstift
tätowiert, beim baden, (›gib mal
den schreiber‹), gepeikert auf
schulter und schenkel:
                              schlange
lavamat anker nixenvieh, nautische
fabel, maritime hautmarkierungen
(›eine lavamat?‹); verschmierte
rötung, unblutige körperwischung
und leberfleckbesichtigung nachdem
wir die kleider lossind dies
wohnen in deinem geruch! dies
behutsame einschwenken! (›umlauf
bahn, unsere‹); ›dieser schwenk,
lichteinfall, -lamellen!‹ feuraug
augenfeuer algenflamme flimmertier
bei geschlossenen lidern; lichtstrom
übers laken, transparenter einfall
winkel; unsere -flüge, vogelflug,
tiefdringendes abendlicht! unsere
sanften landungen, ein behutsames
auseinandergeraten wieder-an-land
geraten unser -ebben beben ab
ebben ›in deinem geruch!‹

Thomas Kling

Deine Bubenhände, die zwei

Seestück, kleine Minne

Deine zwei schönen Augen, Taxis bei Nacht
schwer lenkbare Wärmegewitter
Umschlagplätze von Licht, wo ich aufhöre
dich zu erfinden und
    alles was selten ist anfängt
    zu schwimmen.

Großes Gelächter von See her, mein Herz
ist eine Sprengwolke, will sich mit jedem Schlag
auslegen – aber dann
    klammert es, macht eine Faust –

ein lange von Blut durchschlagener
Glücksknoten, an dem ich festhalte
die kleine Loge, in der du sitzt
schwarze Oliven vor dir auf dem Tisch

eine geschlossene Pulslinie
in einer Funknacht mit Leuchtfeuern.

Steffen Popp

Gleich und gleich

Ein Blumenglöckchen
Vom Boden hervor
War früh gesprosset
in lieblichem Flor;
Da kam ein Bienchen
und naschte fein: –
Die müssen wohl beide
Für einander sein.

Johann Wolfgang Goethe

Stell auf den Tisch die duftenden Reseden,
Die letzten roten Astern trag herbei
Und laß uns wieder von der Liebe reden,
        Wie einst im Mai.

Gieb mir die Hand, daß ich sie heimlich drücke,
Und wenn man's sieht, mir ist es einerlei;
Gieb mir nur einen deiner süßen Blicke,
        Wie einst im Mai.

Es blüht und funkelt heut auf jedem Grabe,
Ein Tag im Jahre ist den Toten frei;
Komm an mein Herz, daß ich dich wieder habe,
        Wie einst im Mai.

Hermann von Gilm zu Rosenegg

Fotografie
für Ernst Jandl

mit seiner groszen linken Hand
bedeckt er meine grosze rechte Hand
mit seiner groszen warmen linken Hand
bedeckt er meine grosze kalte rechte Hand
ich habe meine grosze rechte kalte Hand versteckt es liegt
beschützend seine grosze linke warme Hand auf meiner
flüchtigen
rechten groszen kalten Hand während
uns Stefan Moses fotografiert im Jahre 76
mit unserer je anderen groszen Hand Gesicht verdeckend
(wie Stefan Moses es verlangt) –
wir halten uns umklammert so in dieser unscheinbaren
Geste die mir im nachhinein die Träne preszt
aus meinem unsichtbaren Auge . . dein
Blutstrom fließt in meinen Blutstrom über
dann in verwilderter Unsterblichkeit von Liebe

Friederike Mayröcker

O, deine Hände –

Sind meine Kinder.
Alle meine Spielsachen
Liegen in ihren Gruben.

Immer spiel ich Soldaten
Mit deinen Fingern, kleine Reiter,
Bis sie umfallen.

Wie ich sie liebe
Deine Bubenhände, die zwei.

Else Lasker-Schüler

An Lauretten

Laurette, bleibst du ewig Stein?
Soll forthin unverknüpfet sein
Dein Engeltum und dein Erbarmen?
Komm komm, und öffne deine Schooß
Und laß uns beide nackt und bloß
Umgeben sein mit Geist und Armen!

Laß mich auf deiner Schwanenbrust
Die oftversagte Liebeslust
Hier zwischen Furcht und Scham genießen.
Und laß mich tausend tausend mal
Nach deiner güldnen Haare Zahl
Die geisterreichen Lippen küssen.

Laß mich den Ausbund deiner Pracht,
Der Sammt und Rosen nichtig macht,
Mit meiner schlechten Haut bedecken.
Und wenn du deine Lenden rührst,
Und deine Schooß gen Himmel führst,
Sich zuckersüße Lust erwecken.

Und sollte durch die heiße Brunst
Und deine hohe Gegengunst
Mir auch die Seele gleich entfließen,
So ist dein zarter Leib die Bahr,
Die Seele wird dreiviertel Jahr
Dein himmelrunder Bauch umschließen.

Und wer alsdann nach meiner Zeit
  Zu lieben dich wird sein bereit,
Und hören wird, wie ich gestorben,
  Wird sagen: wer also geliebt
  Und in dem zarten Schooße stirbt,
Hat einen sanften Tod erworben.

Christian Hoffmann von Hoffmannswaldau

Kind, jetzt stehst du auf der Höhe
Der Kultur, das ist gewiß;
Du hast Wanzen, Läuse, Flöhe
T......., S......., S.......

Haut und Haare *Mene Tekel*
Von der Stirne bis zur Zeh;
Mich durchschauert schon der Ekel,
Wenn ich deinen Schatten seh.

Aber wenn wir Nachts uns lausen
Und die Liebe schafft sich Bahn,
Preis ich mich als deines grausen
Reiches treusten Untertan.

Frank Wedekind

Nicht mal einen einzgen Kuß,
Nach so monatlangem Lieben!
Und so bin ich Allerärmster
Trocknen Mundes stehn geblieben.

Einmal kam das Glück mir nah –
Schon konnt ich den Atem spüren –
Doch es flog vorüber – ohne
Mir die Lippen zu berühren.

Heinrich Heine

O Flasche, voll vom Saft der rheinschen Traube,
Du Schmuck der Welt!
Beglückt ist der, der in der Rosenlaube
Im Arm dich hält!

Nun du mich liebst, ist gut und schlimm Geschicke
Mir gänzlich gleich;
Du bist mein Trost, mein Leben, Ruh und Glücke,
Und Himmelreich.

Wenn andre sich in Grausame vergaffen,
O wie lach ich
Der Thoren! Du bist für mein Herz erschaffen,
Und ich für dich.

Du stärkst den Muth und führest Himmels-Freuden
In meine Brust.
Des Waßers Freund muß Pein und Schwermuth leiden,
Und mißen Lust.

Fiel Adam wohl, der Trauben gnug verschlucket,
Dadurch in Noth?
Der Biß in Frucht, aus der man Cider drucket,
Verdiente Tod.

Bleib mir forthin, was du mir stets gewesen,
Mein Ruhm und Heil!
Dich hab ich mir aus einer Welt erlesen,
Zum besten Theil.

Und sterb ich einst, so wein auf meine Asche,
Und schluchz betrübt:
Hier ruhet der, der mich gekränkte Flasche
Getreu geliebt.

Ewald Christian von Kleist

Darf ich meinen Blicken traun?
Sie ist nah' dran, aufzuthaun.
Milder seh' ich die Geberden,
Schmelzender die Stimme werden,
Und aus ihrem Auge bricht
Es wie Frühlingssonnenlicht.
Ja so zärtlich wird ihr Kuß,
Daß ich schon befürchten muß,
Nächstens, will ich sie umschließen,
Wird sie mir im Arm zerfließen.

Friedrich Rückert

Draußen tobt der böse Winter,
Und die Blumen, die er knickte,
Malt er höhnisch an die Fenster
Mir in bleichen, starren Bildern.
Winter, stürme nur und brause!
Machst mich doch nicht mehr erzittern.
Denn aus meines Herzens Grunde
Laß ich einen Frühling sprießen,
Den der Schnee nicht kann bedecken,
Den das Eis nicht macht gefrieren,
Einen Frühling, dessen Sonne
Ist das Auge meiner Liebsten,
Dessen Luft und Duft ihr Odem,
Dessen Rosen ihre Lippen,
Und ich schweb als junge Lerche
Drüber hin mit meinen Liedern.

Wilhelm Müller

Istanbul, wie es sich bewegt,
wenn der Schlaf durchs Goldne Horn blickt.
Istanbul wie es farbig schläft,
wenn mein Mittag sich deine Augen borgt.
Istanbul, immer das andere
Istanbul, das hinter dem Schlaf
sich bewegende, hinter dem Mittag
farbig schlafende andere Istanbul
deiner Augen.

Oskar Pastior

Wie ich weiss, ›macht‹ man die Liebe nicht.
Sie weint bei einem Wachslicht im Dach.
Ach, sie waechst im Lichten, im Winde bei
Nacht. Sie wacht im weichen Bilde, im Eis
des Niemals, im Bitten: wache, wie ich. Ich
weiss, wie ich macht man die Liebe nicht.

Unica Zürn

Portofino, kleiner Hafen,
da wir uns im Frühling trafen.

Da geheim wie eine Mythe
unverhofft ein Glück erblühte.

Glück und Leid? Wer will es wissen?
Wehrlos ward ich fortgerissen,

daß sich eine oder scheide,
was zu Glück ward oder Leide.

Portofino, kleiner Hafen,
da wir uns im Frühling trafen.

Du, was auch mein Schicksal werde,
bleibst mir ewig teure Erde.

Christian Morgenstern

Das Opfer

Wenn ich bei Tag mein Mädel mir beseh,
Dann seh ich einen kahlen Totenschädel,
Darunter ein Skelett, und seh mein Mädel
Gebrochen knien von schauerlichem Weh.

Sie schreit zum Schöpfer: »Laß mich Freudenquell
Nur schleunigst jetzt an ihm vorübergehen!
Sechs Monde noch, dann wär's um ihn geschehen.
Sein Mark wird mürb, der Tod vergafft sich schnell.«

»Mich wirft man auf den Mist, das ist normal;
Das Fleisch auf meinen Rippen ist Schimäre.
Ich gäb es, wenn mein liebend Herz nicht wäre,
Schon heute gern den Schlächtern im Spital!«

Frank Wedekind

Die schöne Nacht

Nun verlass' ich diese Hütte,
Meiner Liebsten Aufenthalt,
Wandle mit verhülltem Schritte
Durch den öden, finstern Wald:
Luna bricht durch Busch und Eichen,
Zephyr meldet ihren Lauf,
Und die Birken streun mit Neigen
Ihr den süßten Weihrauch auf.

Wie ergetz' ich mich im Kühlen
Dieser schönen Sommernacht!
O wie still ist hier zu fühlen,
Was die Seele glücklich macht!
Läßt sich kaum die Wonne fassen;
Und doch, wollt' ich, Himmel, dir
Tausend solcher Nächte lassen,
Gäb' mein Mädchen Eine mir.

Johann Wolfgang Goethe

VORM EINSCHLAFEN ZU SAGEN
(nach Rilke)

mein lieber, es ist zeit,
die betten sind sehr groß.
komm doch vorbei
und mach die knöpfe los.
wir sind die hunde im gedicht,
die nicht schlafen wollen.
wir streicheln unsere müden stellen,
wir hören draußen penner bellen
und kennen versteckte wege im park.
morgen wird sonne: ein warmer tag,
das hat das fernsehen gesagt.
der wecker liegt links neben mir,
das licht steht immer nah bei dir.
wenn ich mich drehe auf fremdes gelände,
sehe ich deine füße und deine hände,
und bin mir sicher: wir sind hier.
und falls eines tages die stille bleibt,
falls sie zu laut erscheint für mein
atmen in der dunkelheit,
rolle ich mich klein auf meiner seite
und lege neue lieder ein.

Nikola Richter

gegen vier uhr morgens
beobachte ich
die verschiebung des mundes

das haus schließt
nach dem letzten
gähnenden windstoß
die lippen schmal wie lider

dagegen öffnet seinen rachen
der himmel : ein hellblau
nahe am gaumenzapfen
über den dunkel gespannten
zungenbögen der wälder

aus dem dunstigen mund
entspinnt sich regen lang
anhaltender atem : wie über
die wimpern des schlafenden
hinsprechend

Uljana Wolf

Amors Grab
Nach dem Französischen

Weint, Mädgen! hier bei Amors Grabe, hier
Sank er von nichts, von ohngefähr darnieder.
Doch ist er würklich tot? Ich schwöre nicht dafür.
Ein Nichts, ein Ohngefähr erweckt ihn öfters wieder.

Johann Wolfgang Goethe

Wörtertrinker und Wortschöpfer
Der Dichter, der Leser und die Liebe

Wer je ein Gedicht geschrieben hat (und wer hätte nicht wenigstens heimlich daran gedacht?), der hat höchstwahrscheinlich ein Liebesgedicht geschrieben, denn Literatur funktioniert seit jeher auch als eine Form der Selbsttherapie. Insbesondere Lyrik scheint dazu geeignet, dem liebeshungrigen oder auch liebeskranken Menschen für den Moment des Schreibens wenigstens eine gewisse Linderung seiner Leiden zu verschaffen. Und welches Leiden ist, gerade in jungen Jahren, verbreiteter als das Leiden an der Liebe?

Mit zunehmendem Alter dann geraten auch andere Gefühle und Gegenstände ins Blickfeld derjenigen, die sich einst als Dichter versuchten. Der etablierte Lyriker kennt ebenfalls andere Themen: Ob er nun den Wein besingt, die Freundschaft, ob er sich mit dem Tod auseinandersetzt oder sich Orten und Landschaften widmet, etwa dem kleinen Hafen Portofino – das Spektrum dessen, was bedichtenswert scheint, ist unermesslich. Und doch könnte man den Eindruck gewinnen, dass jeder Dichter (und jede Dichterin) zuallererst ein Liebesdichter, eine Liebesdichterin ist, dass dieser erste unmittelbare Antrieb zum Versemachen sich nie ganz verloren hat, ja, dass das erste Dichten über die Liebe gleichsam jedem weiteren Gedicht, und handelt es vordergründig auch von den allerentferntesten Dingen, seine Spuren hinterlassen hat.

»Der Künstler«, schreibt Rainer Maria Rilke 1902 in seinem Buch über die Worpsweder Künstlerkolonie, »scheint noch über dem Weisen zu stehen. Wo dieser bestrebt ist, Rätsel zu lösen, da hat der Künstler eine noch bei weitem größere Aufgabe oder, wenn man will, ein noch größeres Recht. Des Künstlers ist es, das Rätsel zu – lieben. Das ist alle Kunst: Liebe, die sich über Rätsel ergossen hat, – und das sind alle Kunstwerke: Rätsel, umgeben, geschmückt, überschüttet von Liebe.«

Die Liebe also als der erste und eigentliche Schaffensimpuls, der Urgrund alles Schöpferischen – es gibt wohl nur wenige Ausnahmen von dieser Regel. Steckt demnach in jedem Gedicht ein Liebesgedicht? Steckt die Liebe in jedem Gedicht?

Ein amouröser Anhauch zumindest, so könnte man meinen, müsste sich in den meisten Werken der Dichtkunst doch finden lassen. Zweifellos durchweht dieser Liebesodem Nico Bleutges »und manchmal, nachts«, ja, es hat dieses Gedicht das Atmen selbst zum Gegenstand: »und manchmal, nachts, da geht der atem leise / der körper wach, die augen eingerollt / das schauen mischt sich in die kreise / die noch der schlaf im innern zieht«.

Wir haben Anteil an einer nächtlichen Szene, einer Halbschlafszene, im Dämmerzustand liegt da jemand, sein Körper zwar wach, der Außenwelt zugeneigt, die Augen aber noch geschlossen, den Blick nach innen gerichtet, der Seite des Traums zugewendet. Ohne dass die Lider geöffnet werden, beginnt der Blick allmählich zu wandern, durchs Zimmer, am Wäscheständer vorbei, hinaus in den Hof schließlich. Doch ein »ziehen« hält den Schlafenden zurück, hält ihn davon ab, gänzlich zu erwachen. Da ist noch ein anderes, ein zweites Atmen, jemand liegt neben der ersten, halbschlafenden Person. Und es ist ihr Atem, der den fast erwachten Sprecher wie in einer Wolke zurückträgt in den Schlaf. Offensichtlich liegt da ein Paar, vertraut füreinander bis in das »leise« Atemgeräusch hinein. Der Atem mischt sich, der eine rollt in den anderen über, eine Art unablässige Vereinigung. Intensiver wohl kann man das Miteinander zweier Menschen kaum bedichten: Nicht der schnöde Liebesakt, das aggressive In-die-Augen-Schauen oder das abgegriffene An-den-Händen-Halten wird hier eingesetzt, um von Verbundenheit und Liebe zu sprechen; Nico Bleutges Gedicht erzählt nicht von kurzzeitigen Ekstasen, sondern von dauerhaften Intensitäten, von einer Zweisamkeit, die auch dann existiert, wenn alles schläft und niemand davon weiß, von einer Zweisamkeit, in der das scheinbar flüchtige Element Luft doch viel stärker und unzertrennlicher wirkt als jede körperliche Berührung. Manchmal, »nachts«, gelingt es, einen Eindruck von dieser an sich unsichtbaren Spur zu erhaschen, unter der Bedingung aber, nicht gänzlich aufzuwachen und vollendete Zweisamkeit nur mehr für einen schönen Traum zu halten.

Von Liebe zu schreiben, das ist fraglos schwer, die Tradition überbordend, von Sappho über Catull bis zu Petrarca und Goethe: Alles scheint gesagt. Angesichts der Überfülle an Liebesgedichten kann es einem nicht nur den Atem, es kann auch dem Dichter die Sprache verschlagen: Wie noch dichten? Wie der eigenen Stimme Gehör verschaffen? Anfang des 20. Jahrhunderts stellten sich die Dichter vermehrt diese Frage, und einige der Antworten finden sich auch in dieser Anthologie. Kurt Schwitters etwa verwandelte alte Wörter in neue (»Der Lilien Schielien war ihr ganzes Glück«), genauso Christian Morgenstern, der da fordert: »Sei Meinstlein!/Ich sehne dich sprachlosestest.«

So also wird kreativ mit der seinerzeit aufkommenden Sprachskepsis umgegangen. Am weitesten geht dabei wohl Hugo Ball, der sich von syntaktisch-semantischen Zusammenhängen verabschiedet und dabei doch durch Wortwahl und rhythmisch-expressiven Furor keinen Zweifel aufkommen lässt, worum es geht, nämlich ein heißes Liebesbegehren auszudrücken: »O Marietta – Kripistika!/Thronkanapee im Serail von Sevilla!/Du bist wertvoller als die juchzende/Säubande von Hosenträgern,/Deren Rüssel/An deinem Bauch/Zu schnuppern/gewohnt sein pflegt.«

Die Liebe nun, das darf nicht vergessen werden, ist nicht nur erster Anlass zu schreiben, sondern nicht selten eben auch der zu lesen. Wir möchten im Gedicht gesagt finden, was uns selbst in Worte zu fassen verwehrt ist, wir suchen eine Beschreibung unserer eigenen Situation, eine sprachliche Annäherung an unsere uns eigentlich unbeschreiblich erscheinende Empfindung. Und nicht selten rufen wir (innerlich) aus: Ja, so ist's! Joseph von Eichendorff und Annette von Droste-Hülshoff, meinen wir dann, haben offensichtlich dasselbe gefühlt wie wir. Aber schon Else Lasker-Schüler schrieb: »Komm mit mir in das Cinema, / dort findet man was einmal war:/Die Liebe!«

Mit der Liebe ist es nämlich seit über hundert Jahren wie mit der Sprache: Man traut ihr nicht so ganz, hält sie mitunter für ein Kunstprodukt, dass es nur noch auf Zelluloid zu bestaunen gibt. Jahrtausende des Sprechens über die Liebe haben die Situation nicht eben besser gemacht, im Gegenteil, man zweifelt nicht mehr nur an den Worten, man fragt sich, wie real und konsistent überhaupt die solcherart bezeichneten Gefühle sind.

Und doch geben wir nicht auf, nach ihr zu suchen. Ben Lerner hat diese Suche in einem Gedicht seines Bandes »Die Lichtenberg-Figuren« zeitgemäß inszeniert: Als Rate- bzw. Rätselspiel. Vierzehn mehr oder weniger alltäglichen Fragen stehen dreizehn Antworten gegenüber. Diese aber scheinen nicht so recht zueinander zu passen. »Was wäre dir lieber?«, heißt es da etwa und als Replik: »Lange her.« Man beginnt also das Gedicht neu zu sortieren, nur um festzustellen, dass es nicht aufgeht, allein deswegen schon nicht, weil eben eine Antwort fehlt, eine Frage nämlich steht allein: »Liebst du mich?« Allerdings findet sich zu dieser Frage durchaus eine Antwort: »Ich liebe dich nicht«, bezeichnenderweise dieser Frage zugeordnet: »Hast du den Text gelesen?« So scheint es dann, als hätten wir das Gedicht nur gelesen, als würden wir Gedichte überhaupt nur lesen, um eben eine Antwort auf die Frage nach der Liebe zu finden.

Im Grunde interessiert uns Leser wie auch den Dichter

nur das eine: Wie steht es mit uns und der Liebe? Wo finden wir sie? Sicher ist dabei vor allem eins: Niemand passt so perfekt zusammen wie wir Wörtertrinker, die Leser, zu den Wortschöpfern, den Dichtern.

Tobias Lehmkuhl

Der Herausgeber

Tobias Lehmkuhl, geboren 1976, arbeitet als freier Autor und Kritiker in Berlin. Er verfasste zahlreiche Rezensionen und Essays zur zeitgenössischen Lyrik und ist Mitherausgeber der Anthologie »Mouth to Mouth. Contemporary German Poetry in Translation« (2004). Von ihm erschienen »Coolness. Über Miles Davis« (2009) und »Land ohne Eile: Ein Sommer in Masuren« (2012). Im Aufbau Verlag gab er die Anthologie »Der erste Frost kommt unverlangt. Hundert Wintergedichte« (2011) heraus.

Trotz sorgfältiger Nachforschungen waren nicht alle Rechteinhaber zu ermitteln. Berechtigte Forderungen bitten wir an den Verlag zu richten.

Alphabetisches Verzeichnis der Gedichtanfänge und -überschriften